AF326469

TABLE

DES
EDITS, DECLARATIONS,
ORDONNANCES, ARRESTS,
ET REGLEMENS

CONCERNANT

LES DOMAINES ET DROITS Y JOINTS.

Rendus pendant la sixiéme année du Bail de
Mᵉ PIERRE CARLIER.

Commencée le premier Octobre 1731. & finie le dernier
Septembre 1732.

A PARIS;

Chez PIERRE PRAULT, Imprimeur des Fermes & Droits du Roy,
Quay de Gêvres au Paradis.

M.DCC.XXXIV.

TABLE

DES

EDITS, DECLARATIONS,

ARRESTS ET REGLEMENS

RENDUS pendant la sixiéme année du Bail de
M^c. PIERRE CARLIER.

Commencée le premier Octobre 1731. *& finie le dernier
Septembre* 1732.

CONCERNANT les Domaines de France, Controlle des Actes
des Nottaires, Petits-Scels, Insinuations Laïques, Centiéme
Denier, Controlle des Exploits, Greffes, Amortissemens,
Francs-Fiefs, nouveaux Acquets, & Droits reservés, sur
les Expeditions des Procedures dans les Cours & Jurisdictions, par les Edits des mois d'Aoust 1716. Janvier & Novembre 1717. & rétablis par la Declaration du 15. May
1722.

Du 2. Octobre 1731.

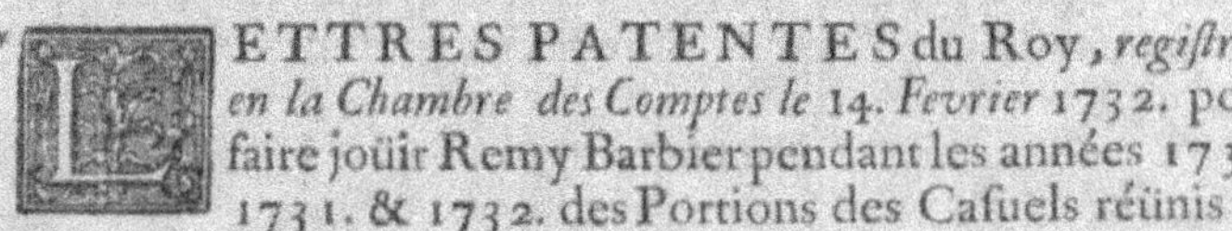

LETTRES PATENTES du Roy, *registrées
en la Chambre des Comptes le* 14. *Fevrier* 1732. pour
faire joüir Remy Barbier pendant les années 1730.
1731. & 1732. des Portions des Casuels réünis au
Domaine de la Couronne, par Edit du mois de May 1730.

DOMAINES.   *A

& non compris dans les Baux defdits Domaines, confiftant aux
Droits de lods & ventes, treiziémes, quints & requints, rachapts,
fous-rachapts, aubeines, bâtardifes, desherences, épaves,
confifcations, & autres Droits Seigeuriaux de pareille nature; comme auffi du Droit de joüir des Domaines engagés à
vie, pendant la premiere année du decès des Engagiftes, &
ce moyennant la fomme de foixante & dix mille livres par an,
payable à Pierre Carlier, Adjudicataire des Fermes Generales, pour par lui en compter outre & pardeffus le prix de
fon Bail.

Du 23. Octobre 1731.

*   Arreft du Confeil, qui reçoit les Sieurs Palifot, Danjon,
Lahefvoye & Chauvreux, Engagiftes de differens Domaines de Sa Majefté, dans la Province d'Artois, oppofans à l'Arreft du Confeil du 23. Aouft 1729. & à tout ce qui peut avoir
été fait en conféquence, tant contr'eux, que contre leurs Fermiers, en vertu des Rolles des centiémes, aufquels ils ont
été impofés par les Etats d'Artois; declare les Emprifonne-
mens nuls; leur fait main-levée de toutes faifies, & les décharge du payement des centiémes des Biens engagés du Domaine du Roy.

Du 27. Novembre 1731.

*   Arreft du Confeil, qui déboute les Religieux Feüillans
de l'Abbaye Royale de Saint Memin - lez - Orleans, de leur
oppofition à l'Arreft du Confeil du 5. Septembre 1730. Ordonne que ledit Arreft & la Sentence de la Maîtrife d'Orleans, du 2. Août 1727, feront executés felon leur forme &
teneur, & fait défenfes à tous Pêcheurs de pêcher, tant dans
les Rivieres navigables & flotables, que dans celles qui ne le
font pas, quand même la proprieté en appartiendroit à des
Seigneurs particuliers, avec des filets & Engins défendus par
l'Ordonnauce des Eaux & Forefts, du mois d'Aouft 1669.

Decembre 1731.

*   Edit du Roy, *Regiftré en la Cour des Aydes le 7. Janvier*

1732. portant suppreſſion de la Charge de Lieutenant de la
Louveterie, & ordonne que les gages, appointemens, &
tous autres revenus attachés à ladite Charge, employés dans
les Etats du Roy en ſeront rayés, à compter du premier Janvier 1732.

Des 4. & 18. Decembre 1731.

* Arreſt du Conſeil & Lettres Patentes, *Regiſtrées en Parlement le 29. Decembre* 1731. qui ordonnent que le droit d'in-
demnité dû par les Gens de Main-morte, pour raiſon d'ac-
quiſitions d'heritages dans la directe de Sa Majeſté, ou dans
l'étenduë de ſes Hautes-Juſtices, ſera payé en eſpeces quand
il ſera au-deſſous de ſoixante livres, & qu'il en ſera créé des
rentes quand il ſe trouvera monter à ſoixante livres, & plus.

Du 4. Decembre 1731.

Arreſt du Conſeil, portant qu'il ſera tenu compte à Pierre
Carlier, Adjudicataire des Fermes Generales-Unies, ſur le
prix de ſon Bail, de la ſomme de ſept cens livres par lui payée
pour l'entretien & les réparations qui ont été faites à la maiſon du Roy, & aux Priſons Royales de Bourges, pendant les
années 1727. 1728. 1729. & 1730. à raiſon de cent ſoixante-
quinze livres pour chacune des quatre années, en rapportant
par lui les Adjudications & ordonnances du Sieur Intendant
de la Generalité de Bourges, des 14. Janvier 1723. & 18.
Aouſt 1729. les Actes de Viſites deſdits Ouvrages, & les
Quittances de l'Entrepreneur, avec ledit Arreſt.

Du 11. Decembre 1731.

Arreſt du Conſeil, qui liquide à la ſomme de neuf mille
neuf cens trente-ſept livres dix-huit ſols, les indemnités prétenduës, par Jean-Baptiſte Adam, Sous-Fermier des Domaines de la Generalité de Metz & Principauté de Sedan,
pour raiſon de la non-joüiſſance de parties de Domaines alienés, remiſes accordées pour grêles, glaces, & exemptions des
Droits ſur les grains, de laquelle ſomme il lui ſera tenu compte

par Pierre Carlier, Adjudicataire des Fermes Generales, auquel il en fera pareillement tenu compte par le Roy, fur le prix du Bail defdites Fermes Generales ; défend de ftipuler par des Actes particuliers aucuns pots-devin dans les Baux des Domaines & autres Fermes, à peine du quadruple, tant contre les Fermiers qui les auront ftipulés, que contre les preneurs qui fe feront obligés à les payer ; & enjoint aufdits Fermier & arriers-Fermiers, de comprendre dans les Baux tous les prix & conditions d'iceux.

Du 18. Decembre 1731.

*   Arreft du Confeil, qui condamne les Adminiftrateurs de l'Hôpital de Saint Maur de la Ville de Châlons, à payer en entier le Droit d'Amortiffement d'un Legs & Fondation faite en faveur dudit Hôpital de Châlons, nonobftant la moderation portée par l'Ordonnance de l'Intendant de la Generalité de Châlons.

Du 18. Decembre 1731.

Arreft du Confeil, qui ordonne que le prix de l'Adjudication de la Ferme des Droits du Bac, Peage & Paffage, fur la Riviere de Loire, à Roüanne, réünis au Domaine par Arreft du Confeil du 19. Juin 1731. faite au nommé Preau, par Monfieur Poulletier, Intendant en la Generalité de Lyon le 29. Octobre 1731. pour fix années, à commencer dudit jour 29. Octobre 1731. moyennant quinze cens livres par an, fera payé par ledit Preau à Pierre Carlier & à Nicolas Desboves, fucceffivement Adjudicataires des Fermes Generales, à la charge par lefdits Adjudicataires d'en compter à Sa Majefté, outre & pardeffus le prix de leurs Baux,

Du 25. Decembre 1731.

*   Lettres Patentes du Roy, Regiftrées au Parlement le 7. Fevrier 1732. qui ordonnent l'ouverture d'une Route dans la Foreft de Senars, pour la commodité des Chaffes, & que

les Bois qui en proviendront seront vendus par le Sieur Grand
Maistre, ou les Officiers de la Maîtrise Particuliere des Eaux
& Forests de Paris, en la maniere accoûtumée, & le prix de
l'Adjudication remis entre les mains du Receveur General
des Domarnes & Bois de ladite Ville, pour en compter au
profit de Sa Malesté, & que par l'Expert qui sera nommé
par ledit Sieur Grand Maistre, il sera procedé à l'estimation,
tant des fonds, que de la superficie des Bois qui se trou-
veront dans l'allignement de ladite Route, pour en être
les Proprietaires remboursés par ledit Sieur Receveur
general, sur les Ordonnances dudit Sieur Grand Maistre, suivant l'employ qui en sera fait sous leurs noms, au Chapitre des
Charges de l'Etat des Bois de ladite Generalité.

Du 25. Decembre 1731.

* Arrest du Conseil, qui sans avoir égard aux oppositions
formées par les Abbé & Religieux de l'Abbaye de Clair-
vaux, & par les Communautés de Champignolle, Montherie & Areonville, à l'execution du Reglement fait par le Sieur
de Courtagnon, Grand Maistre des Eaux & Forests du Département de Champagne, le 20. Juillet 1728. dans les Bois
dépendans de ladite Abbaye, & à l'Arrest du Conseil du 31.
Aoust suivant, portant homologation dudit Reglement ; Ordonne que lesdits Reglement & Arrest seront executés selon
leur forme & teneur ; Que le Reglement fait dans les Bois
de la Communauté de Champignolle, sera aussi executé selon sa forme & teneur, & que pour indemniser lesdits Abbé
& Religieux de la compensation faite par ledit Reglement,
du droit qu'ils avoient dans ceux appartenans à ladite Communauté, & de celui que les Habitans dudit Champignolle
avoient dans mil vingt arpens, propres & Seigneuriaux aux
Religieux ; Que le canton mis en reserve sur lesdits Habitans, demeurera indivis entr'eux & lesdits Abbé & Religieux, en sorte qu'en cas de vente, moitié du prix en appartiendra ausdits Abbé & Religieux, & l'autre ausdits Habitans, les frais pour parvenir à la vente prealablement prele-
vés ; Que les cantons distraits, au profit des Communautés

d'Areonville, Montherie & Bayel, feront reglés & exploi-
tés conformément à l'Ordonnance de 1669. & à l'Arreſt du
20. Janvier 1728. Et à l'égard des autres demandes formées
tant par leſdits Abbé & Religieux, que par les Habitans des
Communautés de Montherie & Areonville, énoncées en
leurs Requeſtes, ils en ſont débo utés.

Du 15. Janvier 1732.

*   Lettres Patentes du Roy, *Regiſtrées au Parlement le 28.
Juin 1732.* qui ordonnent que par le Sieur de la Faluere,
Grand Maiſtre des Eaux & Foreſts au Département de Paris,
il ſera aux Sieges & en preſence des Officiers des Maiſtriſes
de Paris ou de Saint Germain, procedé à l'Adjudication au
rabais, de l'ouverture de cinq Routes, dans les Bois de Joüi
& la Garenne de Séve, ſur largeur uniforme de dix-huit pieds,
ſuivant les toiſés & allignemens qui en ſeront faits & dépoſés
au Greffe de la Maiſtriſe par l'Arpenteur que ledit Grand Maître commettra, & que les Proprietaires du terrain qui entrera
dans leſdites Routes, pourront enlever les Bois qui en proviendront, & ſeront les fonds deſdits Proprietaires eſtimés par
Expert, qui ſera nommé par ledit Grand Maiſtre, dont la va-
leur.ainſi que le montant des Adjudications des Ouvrages
payés ſur les Ordonnances dudit Sieur de la Faluere, par le
Receveur General des Domaines & Bois de ladite Generalité.

Du 19. Fevrier 1732.

*   Arreſt du Conſeil, qui ordonne l'Enregiſtrement au Controlle general des Finances, de pluſieurs Quittances comptables des Treſoriers - Payeurs des Charges aſſignées ſur les
Fermes Generales-Unies, & des Receveurs Generaux des
Domaines & Bois, pour Gages d'Officiers, Charges loca-
les, frais de Juſtice, & réparations de l'année 1729 quoique le
temps preſcrit pour ledit Controlle ſoit expiré, à condition
que leſdites Quittances ſeront remiſes au Bureau du Controlle dans un mois; Ordonne en outre que Carlier, ſes Sous-
Fermiers, Procureurs, Commis & autres Comptables ſeront

tenus après avoir reçû les Quittances des Treforiers ou Receveurs , aufquels ils remettront les fonds deftinés à l'acquittement des Charges fur les Domaines , de retirer pour la premiere fois feulement , des Controlleurs , prérendant avoir droit de controller lefdites Quittances , des Copies collationnées , foit de leurs Provifions ou Commiffions du grand Sceau , foit des Commiffions particulieres à eux données par M. le Controlleur General des Finances ; défend de figner le Controlle des Quittances comptables , fans y être autorifés par des Provifions ou Commiffions , à peine d'être procedé contr'eux fuivant l'exigence des cas ; leur enjoint d'envoyer au plûtard dans le mois de Juillet de l'année qui fuivra celle de leur Exercice , à M. le Controlleur General , les doubles des Regiftres du Controlle où ils auront copié les Quitances , & autres Actes par eux controllés , conformément à l'Edit du mois d'Aouft 1669. & à la Declaration du 6. Mars 1716. Défend aux Receveurs Generaux des Finances , & des Domaines & Bois , de payer la feconde moitié des Gages defdits Controlleurs des Finances & des Domaines , qu'en rapportant par lefdits Controlleurs , les certifications de M. le Controlleur General , de la remife des doubles des Regiftres par eux tenus de leur Controlle.

Du 19. Fevrier 1732.

Arreft du Confeil , qui condamne la Dame Françoife Lambin , à payer les Droits de Francs-Fiefs de la Terre & Seigneurie de Mureaux , dont elle joüit , nonobftant fa qualité de veuve d'un Controlleur des Guerres , & d'un Controlleur General des Finances , de la Generalité de Metz.

Du 26. Fevrier 1732.

*   Arreft du Confeil , portant Reglement general fur la Riviere de Biévre , dite des Gobelins , depuis fa fource jufqu'à fa décharge , dans la Riviere de Seine. *Contenant foixantefept Articles.*

Des 4. Mars & 12. Juillet 1732.

*   Arrests du Conseil, qui jugent que les Communautés Ecclesiastiques doivent l'Amortissement des Biens alienés de leurs anciens Domaines, dans lesquels ils sont rentrés, quoique dans l'alienation on n'ait point observé les formalités prétenduës nécessaires pour celle des biens d'Eglise.

Et qu'un déguerpissement par Acte passé devant Notaire, est une cession & une acceptation volontaire.

Des 7. Juin 1655. 16. Janvier 1730. & 8. Mars 1732.

*   Arrests du Parlement de Roüen, qui maintiennent les Proprietaires des Sergenteries nobles & hereditaires de Saint Lo, Carentan & le Hommet, dans le droit de commettre quatre Commis dans chacune desdites Sergenteries, lesquels privativement à tous Huissiers-Audienciers des Jurisdictions ordinaires & extraordinaires, & Sergens à cheval du Chastelet de Paris, seront tous Exploits qui concernent & émanent des Jurisdictions ordinaires dans le district desquelles lesdites Sergenteriessont encloses, & expliquent au long leurs fonctions & droits.

Du 11. Mars 1732.

*   Declaration du Roy, *Registrée au Parlement le 31. Mars* 1732. qui transfere la Maîtrise des Eaux & Forests, créée par Edit du mois de Decembre 1728. pour la Ville de Murat, en la Ville de Saint Flour, dans laquelle les Officiers de ladite Maistrise tiendront leur Siege, & exerceront leur Jurisdiction sur tous les lieux compris dans les bornes qui ont été données audit Siege par ledit Edit.

Du 11. Mars 1732.

*   Arrest du conseil, qui déclare subreptices & obreptices, les Brevets de dons faits en faveur de divers particuliers, des Portions des Casuels des Domaines reservés à Sa Majesté,

par

par l'Edit du mois de Decembre 1701. & comprises dans l'Arrest du Conseil du 16. May 1730. Ordonne que Remy Barbier, Fermier desdits Casuels joüira desdites Portions, & que ceux qui ont obtenu lesdits Brevets sur les successions du Sieur Jean Law, du Sieur Prince Carpegna, Perault Ingenieur, & d'Alexandre le Grand, adjugés à Sa Majesté par droit d'Aubaine, Desherence & Bâtardise, seront tenus de les rapporter comme nuls.

Du 11. Mars 1732.

Arrest du Conseil, qui déboute la Dame Jeanne Mirey, veuve de défunt Sieur le Camus Destouches, de l'opposition par elle formée entre les mains du Sieur Hocquart, Tresorier general de l'Artillerie de France ; ordonne qu'il payera & remettra à Pierre Carlier, Adjudicataire General des Fermes, ses Procureurs ou Commis, le fonds des Gages intermediaires de l'Office dont ledit feu Sieur le Camus Destouches étoit pourvû, à compter du 25. May 1731 jour de son decès, jusqu'à celui de la reception de son successeur.

Des 18. Mars, & 7. Avril 1732.

* Arrest du Conseil, & Lettres Patentes, qui donnent Acte au Sieur Duc d'Uzés de la declaration par lui faite, qu'il ne pretend rien en la mouvance des Terres titrées dont il a rendu Hommage au Roy, à cause de sa Couronne, Grosse Tour du Louvre, &c. Non plus qu'au Ressort des Justices desdites Terres, si aucunes se trouvent dans les Domaines à lui cedés par le Contrat d'échange du 28. Avril 1721. & qui deboutent le Sieur Evêque d'Uzés, le Sieur Comte du Roure & Consorts, & le Syndic du Diocése d'Uzés de leurs Requêtes ; ordonnent l'execution des precedens Arrêts, & qu'en consequence ledit Sieur Comte du Roure & Consorts, seront tenus de faire la Foy & Hommage au sieur Duc d'Uzés, des Terres & Fiefs qu'ils possedent

*B

dans la Viguerie ou Claverie d'Uzés , & que ſes Officiers continueront de joüir du premier degré d'appel des Juſtices deſdites Terres & Fiefs.

Du 18. *Mars* 1732.

Arreſt du Conſeil , qui ſans s'arrêter à la fin de non-recevoir , propoſée par Claude-Marcel Denizet , Controlleur General des Finances , Domaines & Bois de la Province de Flandres , contre le cautionement par lui fourni pour Joſeph Deſcoutures , cy-devant Directeur des Domaines & Controlle des Actes , de la Generalité de Bourges , par Acte paſſé devant Deſplaces , & ſon Confrere Notaires à Paris , le 4. Avril 1724. au profit de Nicolas Poirier , aux droits duquel Loüis Bourgeois Fermier General des Fermes & Droits , cy-devant regis par Charles Cordier , & Charles Baſſet , a été ſubrogé ; ordonne que ledit cautionnement ſera executé ſelon ſa forme & teneur ; & faiſant droit ſur le ſurplus des demandes & deffenſes des Parties , pour raiſon du debet dudit Deſcoutures , les a renvoyés à la Cour des Aydes de Paris , pour leur être fait droit , ainſi qu'il appartiendra.

Du 18. *Mars* 1732.

*   Arreſt du Conſeil , qui deboute le Sieur François Garreau d'Hautefaye , Controlleur General des Finances , Domaines & Bois de la Generalité de Moulins de ſa Requête ; ordonne que l'Ordonnance de M. de Vanolles , Commiſſaire départi en ladite Generalité , du 27. Avril 1730. ſera executée ſelon ſa forme & teneur ; en conſequence que ledit Sieur de Hautefaye payera les Droits de Franc-Fiefs , du Fief & Dixme de Lietault , & Dixme de Pillot dont il joüit.

Du 25. *Mars* 1732.

*   Declaration du Roy , *Regiſtrée en la Cour des Aydes le*

30. *Avril* 1732. portant nouveau Reglement pour les for-
malités à obferver dans les Infcriptions de Faux contre les
Procès Verbaux des Commis & Employés des Fermes *d'*
Roy, *contenant douze Articles.*

Du premier Avril 1732.

.* Arrêt du Confeil, qui ordonne que par le Commiffaire
nommé par le Bureau des Finances de Tours, il fera incef-
famment procedé à l'Adjudication au rabais, des Ouvrages de
Pavé neceffaires en la ville d'Angers ; & fait deffenfes de
mettre à execution les Ordonnances renduës, par les Maires
& Echevins de ladite Ville, les 14. May 1729. & 29. Janvier 1732. pour le fait en queftion.

Du 20. *May* 1732.

.* Lettres Patentes du Roy, *Regiftrées au Parlement, le*
vingt Juin mil fept cens trente-deux ; qui ordonnent des ventes
de Bois dans les Parcs de Verfailles, & de Marly pour l'ordinaire 1733. & qu'il fera procedé au Siége du Bailliage
Royal de Verfailles, à l'adjudication au plus offrant & dernier Encheriffeur de la quantité de deux cens trente-un ar-
pent, foixante-treize perches de Bois, en trois parties ; la
premiere, en deux cantons dans le Parc de la Foreft de Marly ; le fecond, en un canton dans le Parc de Verfailles, &
le troifiéme, dans le petit Parc de Verfailles : à la charge
par celui qui s'en rendra adjudicataire, d'en payer le prix,
tant en principal, que les deux fols deux deniers pour livre,
ès mains du Sieur Liart, Receveur des Domaines de Verfailles & de Marly, pour par lui en compter au profit de
Sa Majefté.

Du 4. *Juin* 1732.

* Lettres Patentes, *Regiftrées en Parlement le* 30. *Jan-*
vier 1733. qui accordent au fieur Crozat, Commandeur

des Ordres du Roy, le don & proprieté du Canal & Navigation de Picardie.

Du 10. *Juin* 1732.

*   Sentence de Mrs. les Prevoſt des Marchands & Echevins de la Ville de Paris, qui condamne Jean-François Monrois fils, Marchand Plâtrier, en trois mille livres d'amende, appliquable au profit de l'Hôpital General, pour avoir fait conſtruire, ſans permiſſion, une Ecurie & Grenier au-deſſus en ſa Maiſon du Fauxbourg du Temple ; ordonne qu'ils ſeront razés, les Materiaux confiſqués, & le terrain reuni au Domaine du Roy.

Du 10. *Juin* 1732.

*   Sentence de Mrs. les Prevoſt des Marchands & Echevins de la Ville de Paris, qui condamne François Boulanger en trois mille livres d'amende, au profit de l'Hôpital General, pour avoir, ſans permiſſion, fait conſtruire dans le Jardin de la Maiſon qui lui appartient ſur le Chemin de Meſnil-Montant, une Salle & Grenier ; & ordonne que leſdits Salle & Grenier ſeront razés, les Materiaux confiſqués, & le terrein reuni au Domaine du Roy.

Du 10. *Juin* 1732.

*   Sentence de Mrs. les Prevoſt des Marchands & Echevins de la Ville de Paris, qui condamne le nommé Hebert en trois mille livres d'amende, au profit de l'Hôpital General, pour avoir, ſans permiſſion, fait élever le bâtiment ayant face ſur la ruë de Popincourt, & faiſant aile ſur la cour de la Maiſon qui lui appartient ; ordonne la confiſcation des Materiaux, & la réunion du terrein au Domaine du Roy.

Du 10. *Juin* 1732.

* Sentence de Mrs les Prevoſt des Marchands & Echevins de la Ville de Paris, qui condamne Antoine Fuentez-y del-Caſtillo, Ecuyer, Chevalier, Commandeur des Ordres de Nôtre-Dame de Montcarmel & de St. Lazare, en trois mille livres d'amende au profit de l'Hôpital General, pour avoir, ſans permiſſion, fait conſtruire dans la cour d'une Maiſon qui lui appartient à la Courtille, une ſalle & un grenier au-deſſus, & ordonne que leſdits ſalle & grenier ſeront razés; les Materiaux confiſqués, & le terrein réuni au Domaine du Roy.

Du 15. *Juin* 1732.

* Arreſt du Conſeil, qui ordonne le rembourſement des Offices de Jurés Priſeurs-Vendeurs des biens meubles, de l'Election de St. Lo; au moyen duquel leſdits Offices demeureront éteints & ſupprimés, & les Proprietaires des Sergenteries Nobles de ladite Election, ſeront maintenus dans le droit & poſſeſſion de faire faire, à l'excluſion de tous autres Huiſſiers & Sergens, les priſées & ventes de biens qui ſe feront d'autorité, de Juſtice & autres de quelque maniere que ce ſoit, aux mêmes droits dont jouiſſoient leſdits Vendeurs de biens, &c.

Du 17. *Juin* 1732.

* Arreſt du Conſeil, pour la conſtruction d'un Canal de jonction dans le Bas Poitou, depuis Sillé juſqu'à Vernou, & depuis Vernou juſqu'à Secondigny; des Rivieres de Seure Nantoiſe, le Thoüé, & la Vandée, & de les rendre Navigables dans toutes leurs étenduës, depuis Trais & Vernou, juſqu'à la ville de Nantes, dans la Seure Nantoiſe; juſqu'à Marans celle de la Vandée, & dans le Thoüé, juſqu'à Saumur.

Du 25. Juin 1732.

*   Arrest du Conseil, qui ordonne le remboursement des Offices de Jurés Priseurs-Vendeurs de biens meubles dans la Province de Normandie; au moyen duquel lesdits Offices demeureront éteints & supprimés, & les Proprietaires des Sergenteries Nobles, seront maintenus dans le droit & Possession de faire faire, à l'exclusion de tous autres Huissiers & Sergens, les Prisées & Ventes des biens qui ce feront d'autorité de Justice, & autres de quelque maniere que ce soit, aux mêmes droits dont jouissoient lesdits Vendeurs de Biens.

Du 15. Juillet 1732.

*   Declaration du Roy, *Registrée au Parlement le 9. Mars* 1733. portant qu'à l'avenir le Canton de la Plaine de Genevilliers demeurera divisé entre les deux Capitaineries de la Varenne des Thuilleries & de St. Germain en Laye; & que leur separation sera établie, fixée & limitée par le chemin qui conduit du Bac d'Anieres, au Bac d'Argenteuil; commençant au sortir dudit Bac d'Anieres passant entre la Maison du Sieur Moreau qui est du côté droit, & les Maisons des Habitans d'Anieres, qui sont du côté gauche, &c.

Des 15. Juillet, & 2. Août 1732.

*   Arrest du Conseil & Lettres Patentes, qui ordonnent l'execution du Contrat d'Echange, passé entre le Roy, & Mr. le Duc d'Uzés, le 28. Avril 1721. & en consequence que la substitution, dont la Terre de Levy cedée au Roy en contr'échange de la portion des Terres appartenantes au Roy, dans le Duché d'Uzés, étoit chargée; & tous autres droits & hypothéques, qui pourront être sur ladite Terre, seront & demeureront transferés sur ledit Domaine d'Uzés; & ladite Terre de Levy déchargée de ladite substitution.

Du 15. Juillet 1732.

Arreſt du Conſeil, qui ſur l'oppoſition formée par les Treſoriers de France de Rouen, à l'Arreſt du 24. Avril 1731. & aux Lettres Patentes expediées ſur icelui, le dix May ſuivant; par leſquels les Payeurs des Gages de la Cour des Comptes, Aydes & Finances de ladite Ville, ſont diſpenſés de faire enregiſtrer leurs Proviſions au Bureau des Finances, ordonne que la Requéte inſerée audit Arreſt ſera communiquée aux Officiers de ladite Cour des Comptes, Aydes & Finances de Normandie, pour y fournir de réponſes dans le délai du Reglement.

Des 21. & 29. Juillet 1732.

Arreſt du Conſeil & Lettres Patentes, *Regiſtrées en la Chambre des Comptes, le 21. Novembre 1732.* qui ordonnent, que la ſomme de dix-ſept cens livres de rentes, dont Madame la Marquiſe de Lambert a droit de joüir pendant ſa vie, pour lui tenir lieu de la joüiſſance des droits de Coupe & de Leude de Caſtelnaudary, à elle alienés, & réunis au Domaine, continuera d'être employée pendant ſa vie dans les Etats des Domaines de la Generalité de Paris, à commencer du premier Janv. 1733. avec exemption du Dixiéme; & qu'en remettant par elle, de ſix mois en ſix mois ſes quittances comptables, à la décharge du Receveur General des Domaines, en exercice, entre les mains de Nicolas Desboves, Adjudicataire des Fermes Generales-Unies & de ſes Succeſſeurs, ledit Desboves & ſes ſucceſſeurs ſeront tenus de lui en faire le payement; leſquelles quittances ſeront données pour comptant aux Receveurs Generaux des Domaines de Paris, chacun dans l'année de leur exercice.

Du 29. Juillet 1732.

* Arreſt du Conſeil , qui ordonne qu'il ne ſera perçû aucuns droits de Controlle pour les endoſſemens des Billets à Ordre ; ſoit que leſdits Billets ſoient faits par gens d'affaires , Marchands , ou Negocians , ou par tous autres Particuliers.

Du 29. Juillet 1732.

* Arreſt du Conſeil , qui ordonne qu'il ne ſera perçû qu'un ſeul droit d'Inſinuation , ſuivant la qualité du Teſtateur , pour tous les Heritiers rappellés , & pour tous les Legataires univerſels , en quelque nombre que ſoient leſdits heritiers ou Legataires ; & ſans qu'en aucun cas , il puiſſe être perçû plus d'un droit , ſous pretexte des differentes diſpoſitions de pareille nature , contenuës dans les Teſtamens ; le tout neanmoins ſans prejudice de l'inſinuation des Legs particuliers , & des Subſtitutions ; & attendu que les Heritiers ou Legataires conteſtent ſouvent le payement des Droits ; ſous pretexte que les diſpoſitions du Teſtament n'ajoûtent rien aux avantages qui leur ſont deſſerés par la Loy , ordonne que leſdits Heritiers ou Legataires ne pourront en aucun cas être diſpenſés du payement des Droits , qu'en renonçant par eux auſdits Teſtamens.

Du 29. Juillet 1732.

* Sentence de Mrs. les Prevoſt des Marchands & Echevins de la Ville de Paris , qui condamne Louis Guetin en trois mille livres d'amende , applicable à l'Hôpital General , pour avoir , ſans permiſſion , commencé une partie de bâtiment , au lieu d'un Hangard en une Maiſon à petite porte , Fauxbourg St. Antoine , ordonne que ladite partie de bâtiment ſera razée , les materiaux confiſqués , & la place réunie au Domaine du Roy , & qu'il ſera tenu de

declarer

declarer quels sont les Maîtres & Ouvriers qui ont conduit, & fait travailler audit bâtiment.

Du 29. Juillet 1732.

*   Sentence de M M. les Prevost des Marchands, & Echevins de la Ville de Paris., qui condamne le nommé Guerin, Maître Charpentier, & Pierre Soyer, Jardinier-Fleuriste, chacun en trois mille livres d'amende, appliquable à l'Hôpital General, pour avoir separé un emplacement vague à porte chartiere par trois murs de closture, & d'intelligence entr'eux, chaché le veritable état dudit emplacement, à l'effet d'obtenir des permissions de bâtir ; Revoque les permissions par eux obtenuës ; ordonne que les Edifices seront razés, les materiaux confisqués, & les places réünies au Domaine du Roy ; Et qu'ils seront tenus de declarer les Maîtres & Ouvriers qui ont conduit, & fait travailler audit Ouvrage ; & condamne en outre ledit Guerin en une seconde amende de mille livres, & le declare déchû de sa Maîtrise.

Du 30. Juillet 1732.

*   Ordonnance de Messieurs les Prevosts des Marchands & Echevins de la Ville de Paris, qui condamne René Magny, Marchand de Bois Forain, demeurant à la Maison-Dieu, & Jean Charlot, Garde Bois, solidairement à payer au Sieur Langlois, Ecuyer, Seigneur du Bouchet, une somme de sept livres pour le prix de trois Milliers & demi de Rouettes qu'ils ont fait couper & enlever dans les Bois dudit Sieur Langlois, en cent livres de dommages interests, & en tous les dépens, & leur fait défenses de recidiver, sous plus grandes peines.

Du 2. Aoust 1732.

*   Arrest du Conseil, portant que les Manufactures, Forges, Usines, & dépendances de Charleville & Nouzon, qu'ex-

ploitoit le Sieur Fournier, seront données à loyer au plus offrant
& dernier encherisseur, de l'autorité de Messieurs les Com-
missaires du Conseil, députés pour la discussion des Biens &
des Affaires dudit Sieur Fournier.

Du 3. Aoust 1732.

* Declaration du Roy, qui proroge pendant six années, à
commencer du premier Janvier 1733. la levée & perception
des Droits reservés dans les Cours & Jurisdictions du Royaume, par les Edits des mois d'Aoust 1716. Janvier & Novembre 1717. & autres differens Droits énoncés dans ladite
Declaration ; & ordonne la suppression ou moderation d'une
partie desdits Droits reservés.

Du 5. Aoust 1732.

* Arrest du Conseil, qui ordonne que l'Article V. du Tarif des Insinuations, du 29. Septembre 1722. sera executé
suivant sa forme & teneur ; en conséquence, qu'il ne pourra
être perçu plus de quatre Droits d'Insinuation pour les Substitutions contenuës dans les Testamens ou dispositions de
derniere volonté, en quelque nombre que soient les heritiers institués, ou legataires grevés de substitution, lesquels
Droits seront payés au domicile du Testateur, sans préjudice
du centiéme denier dans les cas où il en est dû ; Ordonne pareillement que lesdites Substitutions seront insinuées dans les
Bureaux de la situation des Biens, en payant seulement le
centiéme denier ; & au cas que le centiéme denier ne fût pas
dû, il sera payé un seul Droit suivant la qualité du Testateur, conformément aux classes de l'Article V. du Tarif du
29. Septembre 1722. dans chacun desdits Bureaux, pour
l'Insinuation desdites Substitutions.

Du 5. Aoust 1732.

* Arrest du Conseil, qui en interprétant celui du 29. Juin

1728. declare n'avoir entendu déroger par ledit Arrest, aux dispositions de l'Article premier de la Declaration du 19. Mars 1696. & en conséquence ordonne que tant que l'abonnement de la Province du Haynault aura lieu, tous les Contrats & Actes passés par les Notaires de ladite Province, ou autres personnes publiques ayant pouvoir d'instrumenter, ne pourront établir aucune action, privileges ou hypoteques, ni être produits en Justice dans les Jurisdictions où le Controlle est établi, s'ils n'ont été prealablement controllés & insinués, dans le cas où ils sont sujets à insinuation, dans les Bureaux les plus prochains des lieux où l'on voudra s'en servir.

Du 5. Aoust 1732.

* Arrest du Conseil, qui ordonne que M. le Duc de Gêvres payera au Bureau du domicile de M. le Duc de Tresmes, les Droits fixés par le Tarif du 29. Septembre 1722. pour les Substitutions énoncées dans la Donation entre vifs à lui faite par M. le Duc de Tresmes son pere, & le centiéme denier seulement des Immeubles compris dans ladite donation, en chacun des Bureaux des Villes de Meaux, Saint Germain en Laye, Versailles & Fontainbleau; & défend aux Sous-Fermiers des Droits d'Insinuation, de percevoir d'autres Droits pour l'Insinuation des Donations entre-vifs, même de celles qui contiennent substitutions, que ceux reglés par l'Article III. de la Declaration du 20. Mars 1708.

Du 12. Aoust 1732.

* Arrest du Conseil, qui ordonne que les Contrats & Police d'assurance, soit qu'elles soient passées pardevant les Notaires Royaux, Censaux, Courtiers, Agens de Change, Greffiers des Amirautés & des Jurisdictions Consulaires, ou autres qui sont dans l'usage de les recevoir, soit qu'elles soient faites sous-signatures privées, ne seront plus sujettes à la formalité, ni au payement des Droits de Controlle des Actes.

Du 12. Aoust 1732.

* Arreſt du Conſeil, qui ordonne que les Fermiers des Domaines & Droits y joints, ou leurs Commis, dans les lieux où il y a Juriſdiction Royale, payeront ſur le champ aux Témoins entendus dans les Procès Criminels, de la qualité de ceux dont ſuivant les Reglemens, Sa Mejeſté doit ſupporter les frais, les ſommes qui leur ſeront dûes pour leurs ſalaires, ſuivant la taxe qui en aura été faite par le Juge ; deſquelles ſommes leſdits Témoins, s'ils ſçavent ſigner, donneront leurs reçûs enſuite des taxes tranſcrites par le Juge ou Greffier, ſur les copies des Exploits d'aſſignation, en conformité de celles inſerées ſur la minutte des Dépoſitions, Recollemens, Confrontations, & autres Actes ; & ſi leſdits Témoins déclarent ne ſçavoir ſigner, il en ſera fait mention dans leſdites taxes ; Ordonne pareillement que tous les mois il ſera par les Juges de chaque Siege, en preſence du Procureur du Roy, arrêté des Etats des ſommes qui auront été payées auſdits Témoins dans chaque Procès, ſur la repreſentation qui ſera faite par les Fermiers, ou leurs Commis, des Exploits taxés & des reçûs deſdits Témoins, s'ils ſçavent ſigner, ſinon, les ſeules copies des Exploitss, avec les taxes ſur iceux; du montant deſquels Etats il ſera délivré auſdits Fermiers ou à leurs Commis, des Executoires de trois mois en trois mois en la forme ordinaire, dans leſquels ſera expliqué la qualité de l'accuſation, pour leſdits Executoires, viſés par les Sieurs Intendans & Commiſſaires départis dans les Provinces & Generalités du Royaume, en être tenu compte auſdits Fermiers ou leurs Commis ; & défend à tous Juges, Greffiers, Fermiers & leurs Commis, de prendre pour leſdits Etats & Executoires, & pour les reçûs ou quittances des Témoins, aucune ſomme, à peine de concuſſion, &c.

Du 20. Aoust 1732.

* Lettres Patentes du Roy, *Regiſtrées en Parlement le* 13.

May 173 qui confirment le Contrat d'Echange fait entre
le Roy & le fieur Jacques-Philippes Martin, Marchand de
Bois à Verfailles, de deux arpens quatre-vingt-quatre perches
de Bois taillis, fitués dans le grand Parc de Verfailles, terroir de Montreüil, Val-de-Galye, lieu dit fous la grande
Vente, & dix-huit perches de terre fituées pareillement dans
ledit Parc de Verfailles, appartenant audit Martin, contre
trois arpens de terrain inculte en une piece, fife terroir de
Verfailles, près la grande avenuë du chemin de Paris, lieu
dit les Sables, appartenant à Sa Majefté.

Du 2. Septembre 1732.

* Lettres Patentes du Roy, *Regiftrées en Parlement les 22*
Octobre & 20. Decembre 1732. qui ordonnent la Vente de
quatre cens arpens de Bois de la Forêt de Compiegne, pour
tenir lieu de Ventes ordinaires de l'année mil fept cent trente-
trois, & Reglement pour l'Exploitation de ladite Vente,
le repeuplement de la Forêt, & la confervation des enfemen-
cemens, & nouvelles plantations.

Du 23. Septembre 1732.

* Declaration du Roy, *regiftrée en la Cour des Aydes le dix*
Octobre mil fept cent trente-deux, qui ordonne que les Affir-
mations des Porcès verbaux des Employés de toutes les
Fermes, pourront être par eux valablement faites devant
les Juges des lieux, ou les plus prochains Juges, foit Royaux,
ou des Seigneurs.

Du 26. Septembre 1732.

* Ordonnance des Treforiers de France, Chambre du Tre-
for & du Domaine à Paris, contenant Tarif des Droits de
Voyerie pour ladite Ville & Fauxbourgs, qui enjoint de fe
conformer aux Reglemens pour les Saillies, & qui fait défenfes de faire pofer aucunes avances fur la voye publique, avant

d'en avoir pris les permiſſions des Comiſſaires Generaux de la
Voyerie, & payé les Droits , à peine d'amende ſolidairement,
tant contre les Proprietaires , Locataires , que contre les Ou‑
vriers.

FIN